만화로 배우는 NPL

CONTENTS

01 NPL이란? ·· 15

02 부실채권 매각 사유 ·· 23

03 NPL 채권 매입방법 ·· 29

04 NPL의 장단점 ··· 61

05 NPL 검색방법 ··· 87

06	NPL 매입협상 ··· 93
07	잘못된 NPL 투자사례 ·· 101
08	판례 및 조세심판원 사례 등 ·· 151

지은이의 말

경매를 공부하는 사람들은 NPL과 관련하여 많은 오해를 하고 있다. 즉, NPL을 공부한다는 것은 경매의 원리나 법규정 등이 필요없는 별도의 분야로 생각한다는 것이다. 그러나 이런 생각은 정말 위험하다고 필자는 누차에 걸쳐 말해왔다. 경매를 하기 위해서는 각종 법규정과 부동산등기 등이 기본적인 요소다. 아울러 NPL을 하기 위해서도 이런 법규정과 부동산등기에 대한 이해는 필수적인 요소다.

필자는 오랜기간 경매강의를 해오고 있다. 강의를 듣는 사람이나 필자에게 질문을 하는 사람들은 NPL에 대하여 엄청난 관심을 갖고 있다. 그러나 공통적으로 NPL을 공부할 엄두를 내지 못하고 어려워하는 분야이기도 하다. 시중에 나와 있는 NPL 관련책자를 보면 페이지의 양이 엄청난 것이 보통이다. 방대한 양에 압도되어 관련 책자를 보는 순간 독자들은 NPL에 대한 관심을 접는 경우가 많은 것이 현실이다.

필자는 매주 경매강의를 하면서 실제 경매가 진행 중인 관심 물건을 20여건 분석해주는 시간을 갖는다. 이 물건들을 선택하기 위하여 필자는 아주 많은 경매물건을 분석을 하고 등기열람을 한다. 이런 과정 속에서 너무나도 많은 사람이나 대부업체들이 NPL을 매입하여 손실을 보는 경우를 많이 볼 수 있었다. 왜 그랬을까? 필자가 의문을 갖고 분석을 시작한 결과 대부업체가 매입한 NPL을 재매입한 경우, 즉 NPL회사가 매입한 NPL채권을 질권으로 재매입한 경우가 많음을 알 수 있었다. 또한 대부업체가 매입한 NPL채권에서 손실을 보는 경우는 부동산등기와 관련한 경매물건분석의 착오와, 경매시장의 추세를 알지 못하여 손실을 보는 경우가 많았다.

이러한 이유로 필자는 이 책을 구상하면서 하나의 원칙을 정하고 집필을 시작하였다. 독자들이 어렵게 생각하는 NPL을 어떻게 쉽게 접하게 할 것인가? 또한 독자들에게 아주 디테일한 부분까지 설명을 해야 할 것인가? 그리고 독자들이 직접 NPL을 매입하는 상황을 염두에 두고 집필할 것인가? 이런 점에 대한 필자의 생각은 아주 간단하다.

첫째, 필자가 NPL을 처음 접할 때를 생각하며 어려웠던 점을 역지사지로 생각하면서 집필하고자 했다. 이를 위하여 가능하면 전문적인 용어가 아닌 구어체로 집필하고자 노력하였다.

둘째, 독자에게 필요치 않거나 너무 전문적인 부분은 과감하게 생략함은 물론, 페이지 수를 최대한 줄여 압축적인 내용으로 독자들에게 전달하고자 했다. 이를 감안하여 독자들이 이 책자를 완전하게 이해한다면 어렵게만 느껴지던 NPL을 정복할 수 있을 것이다.

셋째, 일반 독자들이 NPL을 매입하는 경우, 직접 매입하지 않고 대부업체나 NPL관련 회사 또는 전문가를 통하여 매입하는 경우가 많다. 이렇게 업체나 전문가를 통하여 NPL을 매입하면서 손실을 겪는 일이 많이 발생한다. 이에 대하여 필자는 NPL을 매입할 경우 독자들이 어느 정도 NPL을 이해하고 있어야 피해를 보지 않는다는 생각을 갖게 되었고, 이러한 기본지식을 독자들에게 알려주고자 이 책자를 집필하였다.

　필자는 오랜기간 강의와 집필을 향해 달려왔다. 필자는 최근 맹지, 법정지상권, 공유지분경매, 유치권, 부동산등기 등의 책자를 만화로 집필하였고, 이 모든 내용을 경매강의를 통하여 많은 분들에게 전달하고자 노력하였다. 오늘 이 시간에도 필자는 이러한 책자를 통하여 강의를 진행하고 있다.

　필자는 이 책자들을 통하여 독자들이 경매와 NPL 등의 이해에 많은 도움이 되었으면 하는 바람과, 조금이나마 경제적 자유를 얻는 계기가 되었으면 하는 바람을 가져본다.

2021년 새해에

정기수

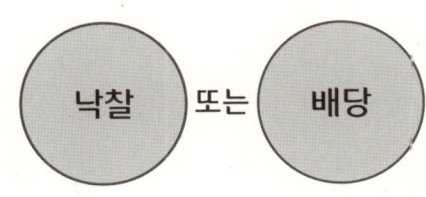

그렇습니다. 여러분이 NPL을 쉽게 이해할 수 있도록 할 겁니다.
기대되는데요~~
여러분들께 필요가 없는 부분은 과감히 생략할 겁니다.
ㅋㅋ 저희도 좋습니다.
가능하면 쉽게 쉽게 설명을 해 드릴테니까 잘 이해하시기 바랍니다.
알겠습니다~~
자! 이제 본격적으로 NPL을 알아보기로 하죠.
기대됩니다~~
NPL

01
NPL이란?

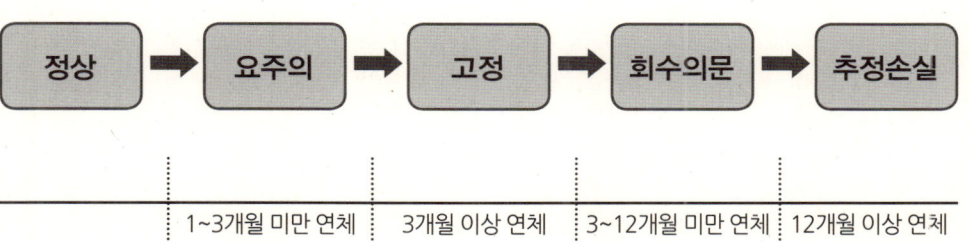

여기에서 "요주의"와 "고정"이라는 개념만 알고가기로 하면…

다른 것은 단어 그 자체로 이해가 갑니다~~

"요주의"는 은행의 여신(대출금) 중에서 1개월 이상 3개월 미만이 연체된 채권을 말합니다.

이건 그래도 조금 건전한 채권 아닌가요?

그렇습니다. 그러나 3개월 이상 연체가 된다면…

그건 문제가 발생할 여지가 있는데요.

그렇습니다. 3개월 이상 연체된 채권을 "고정"이라고 합니다.

그럼 금융기관에서 NPL로 판매하는 채권은…?

그렇습니다. 담보채권과 신용채권이 있을 겁니다. 	아닙니다. 우린 신용채권을 매입할 일이 없을 것이므로 담보채권에 대하여만 알고가기로 하겠습니다. 
NPL을 생각하면 우리에겐 아픈 역사가 있습니다. 	1997년에 우리나라가 IMF외환위기를 겪은 것을 알 겁니다. 
그 당시 외환이 부족하니까 IMF(국제통화기금)에 우리나라가 구제금융을 신청한 적이 있습니다. 	그 당시 IMF에서는 구제금융을 해주면서 많은 요구를 했습니다. 

MEMO

02

부실채권 매각사유

부실채권 매각사유

1. BIS 자기자본비율을 맞추기 위해서
2. 대손충당금 적립을 유보하기 위해서

자! 먼저 BIS 자기자본비율에 대하여 알아보죠.

교수님! 용어가 조금 그렇습니다.

너무 어렵게 생각하지 않아도 됩니다. 그냥 이런 것이 있다는 것만 생각하시면 됩니다.

알겠습니다.

BIS는 국제결제은행입니다.

국제결제은행이요?

각 국의 중앙은행이 가입한 국제기구라고 생각하시면 됩니다. 더 알고 싶으신 분은 인터넷에서 찾아보시면 됩니다.

그럼 우리나라는 한국은행이 가입했겠네요?

그렇습니다. 이 BIS에서 은행의 안전성을 도모하기 위해서 자기자본비율 기준을 정했죠.

은행도 파산하는 경우가 있어서 그랬군요…

맞습니다. 자기자본비율은…

자기자본비율
↓
(자기자본/총자산) * 100

❷ 부실채권 매각사유

03

NPL 채권 매입방법

NPL 매입방식

1. 론세일(Loan Sale)방식 – 채권양수도계약
2. 채무인수방식 – 채무자변경계약
3. 혼합방식

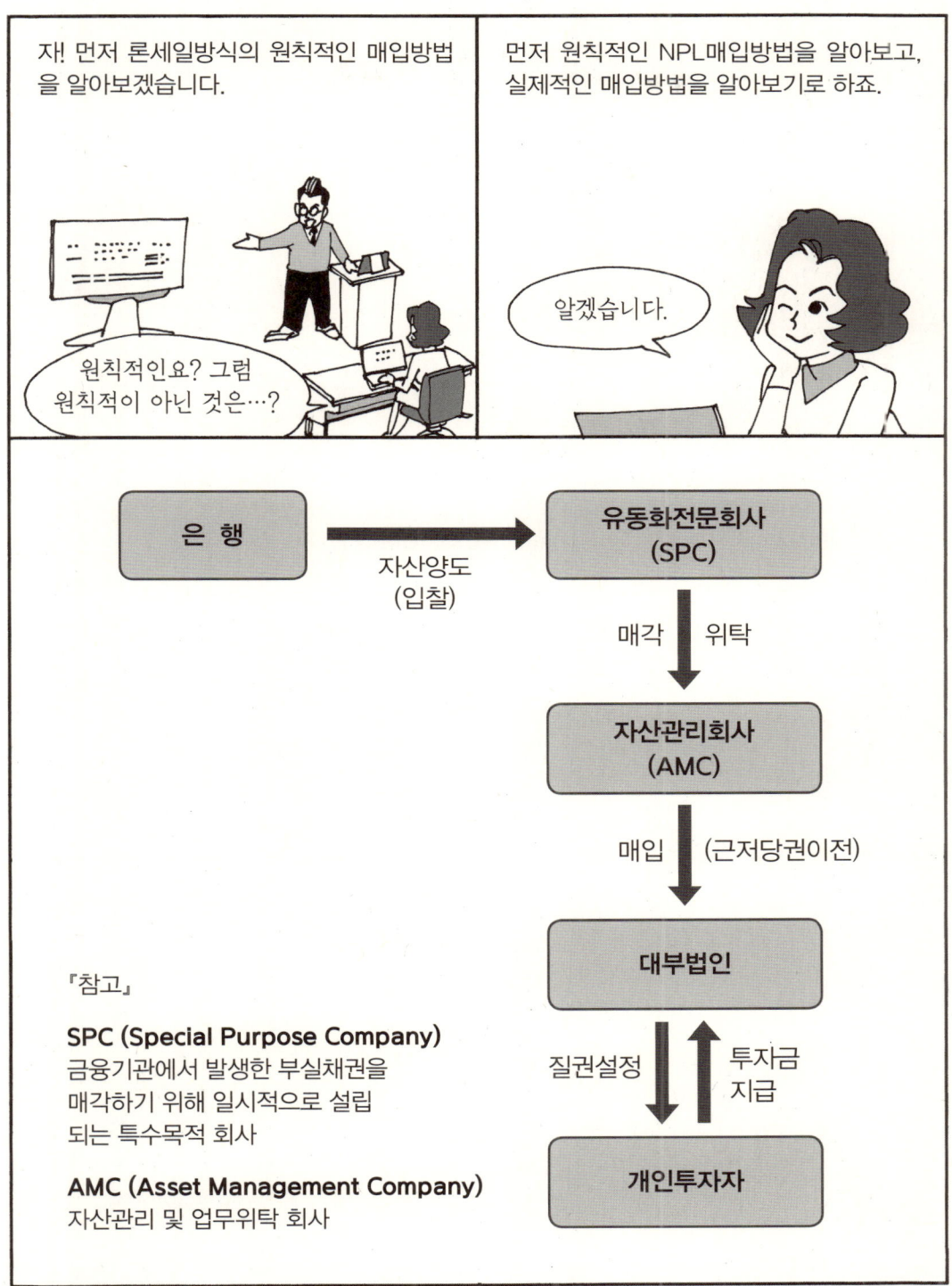

등기분석표

갑 구			을 구		
순위	일 자	권리자 및 기타사항	순위	일 자	권리자 및 기타사항
			1	2012.04.25.	갑을농협
			1-2	2016.09.22.	농업협동조합자산관리회사 (1번 근저당권이전)
3	2017.02.15.	농업협동조합자산관리회사 (임의경매개시결정)			
			1-3	2020.02.19.	1번 근저당권이전 (확정채권 양도) ㈜ 병정자산관리대부
			1-4	2020.02.19.	1번 근저당권부채권 근질권 설정 ㈜ 햇살저축은행
			1-5	2020.02.19.	1번 근저당권부채권 질권 설정 홍길동
7	2020.04.03.	소유권이전 홍길동 (임의경매로 인한 매각)			

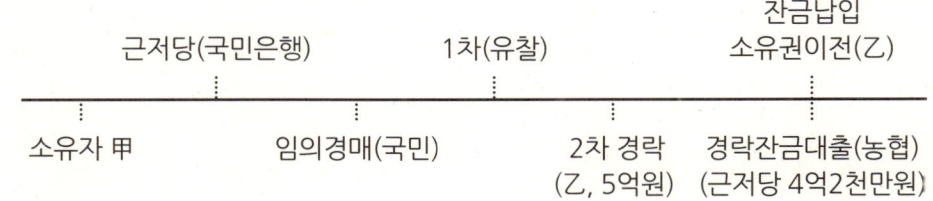

자! 이런 경우 등기가 어떻게 이뤄지는지 보겠습니다.

등 기 분 석 표

갑 구			을 구		
순위	일 자	권리자 및 기타사항	순위	일 자	권리자 및 기타사항
1	2008.05.24. 제5678호	소유자 甲			
			1	2012.04.25. 제7624호	근저당권 설정 (국민은행) 600,000,000원
2	2013.7.12. 제3546호	가압류 A (150,000,000원)			
3	2017.02.15 제23490호	의정부지방법원의 임의경매 개시결정(2017타경3879호)			
4	2020.04.03. 제68446호	임의경매로 인한 매각 소유자 乙			
5	2020.04.03. 제68446호	2번 가압류, 3번 임의경매개시결정 말소			
			2	2020.04.03. 제68447호	근저당권설정 (농협) 채권최고액 420,000,000원

자! 위의 등기분석표에서 보면 갑구 4번과 을구 2번 사이에는 아무런 등기가 없는 것을 볼 수가 있습니다.

그렇습니다. 이렇게 소유권이전과 근저당권 설정을 동시에 신청하니까 그 사이에 다른 어떤 등기행위도 할 수가 없습니다.

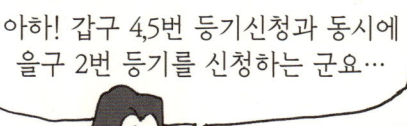

아하! 갑구 4,5번 등기신청과 동시에 을구 2번 등기를 신청하는 군요…

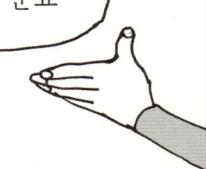

그래서 은행에서 안심하고 미리 대출을 실행하는 군요.

등기분석표

갑 구			을 구		
순위	일 자	권리자 및 기타사항	순위	일 자	권리자 및 기타사항
1	2000.10.21.	소유자 甲			
			1	2012.04.25.	근저당 (농협) 3,300,000,000원
			1-2	2016.09.22.	농협자산관리 (1번 근저당권이전)
2	2017.02.15.	농협자산관리 (임의경매개시결정)			
			1-3	2020.02.19.	1번 근저당권이전(확정채권양도) ㈜병정자산관리대부
			1-4	2020.02.19.	1번 근저당권부채권 근질권설정 ㈜햇살저축은행
			1-5	2020.02.19.	1번 근저당권부채권 질권설정 홍길동
7	2020.04.03.	소유권이전 홍길동 (임의경매로 인한 매각)			

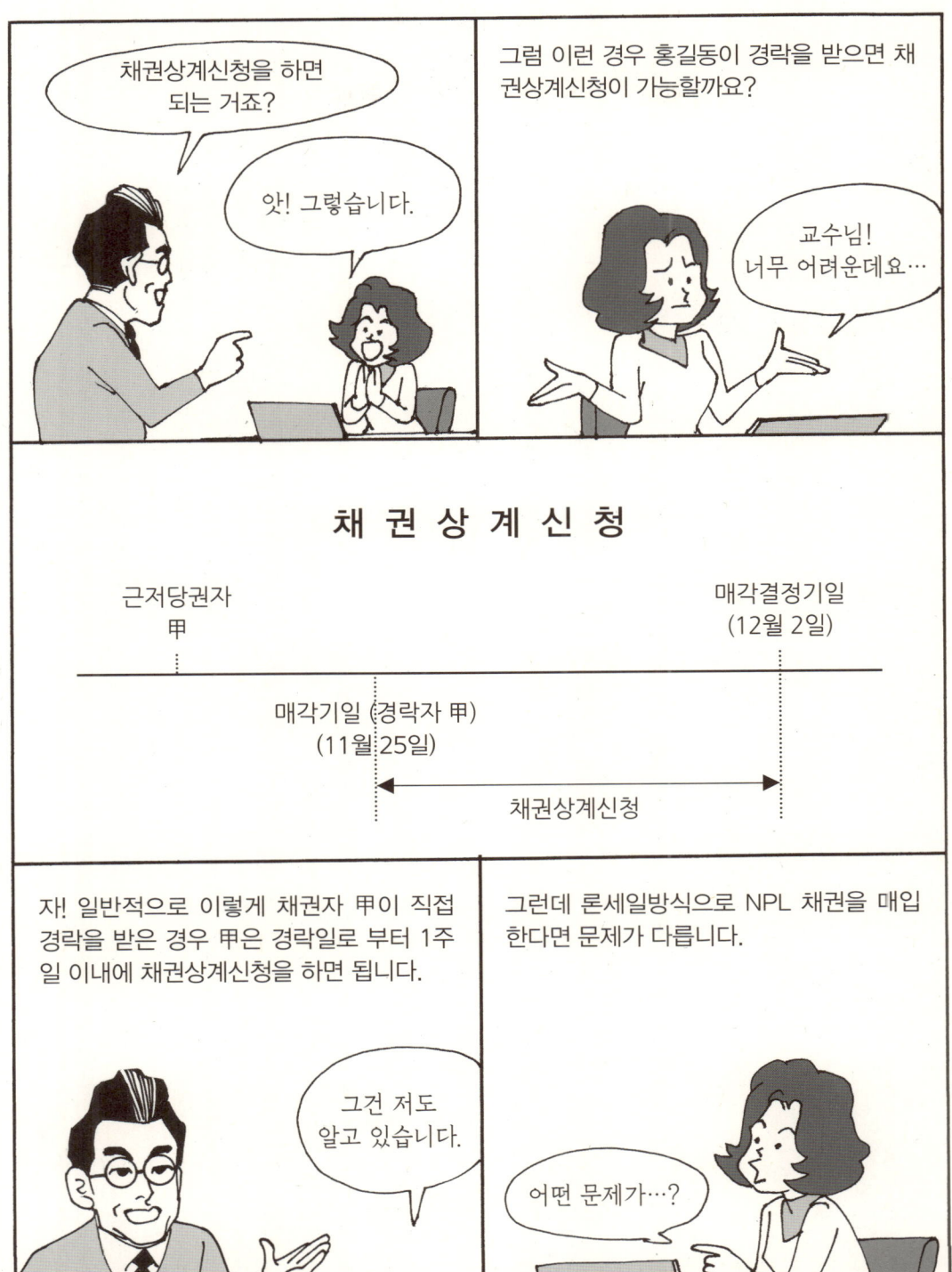

채권상계신청

```
                    (이전)      햇살저축은행           (홍길동)
           농협자산관리 ↘  (근질권설정)              경락
    ─────┼──────────┼──────────┼──────────┼──────────┼──────────
     근저당      ↗  병정자산관리      홍길동            매각결정기일
     (농협)                          (질권설정)
           (이전)                                   ├───────────┤
                                                    채권상계신청
```

자! 론세일방식으로 NPL 채권을 매입하여 경매에 참여한다면 이렇게 됩니다.

> 그럼 채권상계신청을 하면 안되나요?

안됩니다. 자! 위에서 보면 농협자산관리의 근저당권을 이전 받은 곳은 어디죠?

> 그야 병정자산관리죠…

그렇습니다. 그런데 병정자산관리의 근저당권에 대하여 근질권설정한 햇살저축은행이 1번, 홍길동이 2번으로 질권설정을 했습니다.

> 어! 그럼 햇살저축은행이 1번이라 경락자인 2번 홍길동은 채권상계신청이 불가능 하네요?

그렇습니다. 질권설정자 겸 경락자인 2번 홍길동은 채권상계신청이 불가능 합니다.

> 그럼 현금으로 대금납부를 해야 하네요?

론세일방식 및 채무인수방식 비교

구 분	론세일방식	채무인수방식
근저당권 이전여부	변경등기	변경등기 없음
채권자 변경 여부	매수인으로 채권자변경	채권자변경 없음
계약형식	확정채권 양도	채무인수
상계신청 가능여부	상계신청가능 (질권대출 시 질권자동의 필요)	채무인수승낙서
입찰 참여 여부	선택가능(배당, 입찰)	입찰
매입자금 소요	채무인수보다 많은 자금소요	소액으로 참여가능

자! 이렇게 론세일방식과 채무인수방식의 차이점을 나열해 봤습니다.

알겠습니다. 채무인수방식 사례를 보면서 이야기하죠.

근데 교수님! 이렇게 나열만 해놓으시면 이해가 좀…

알겠습니다.

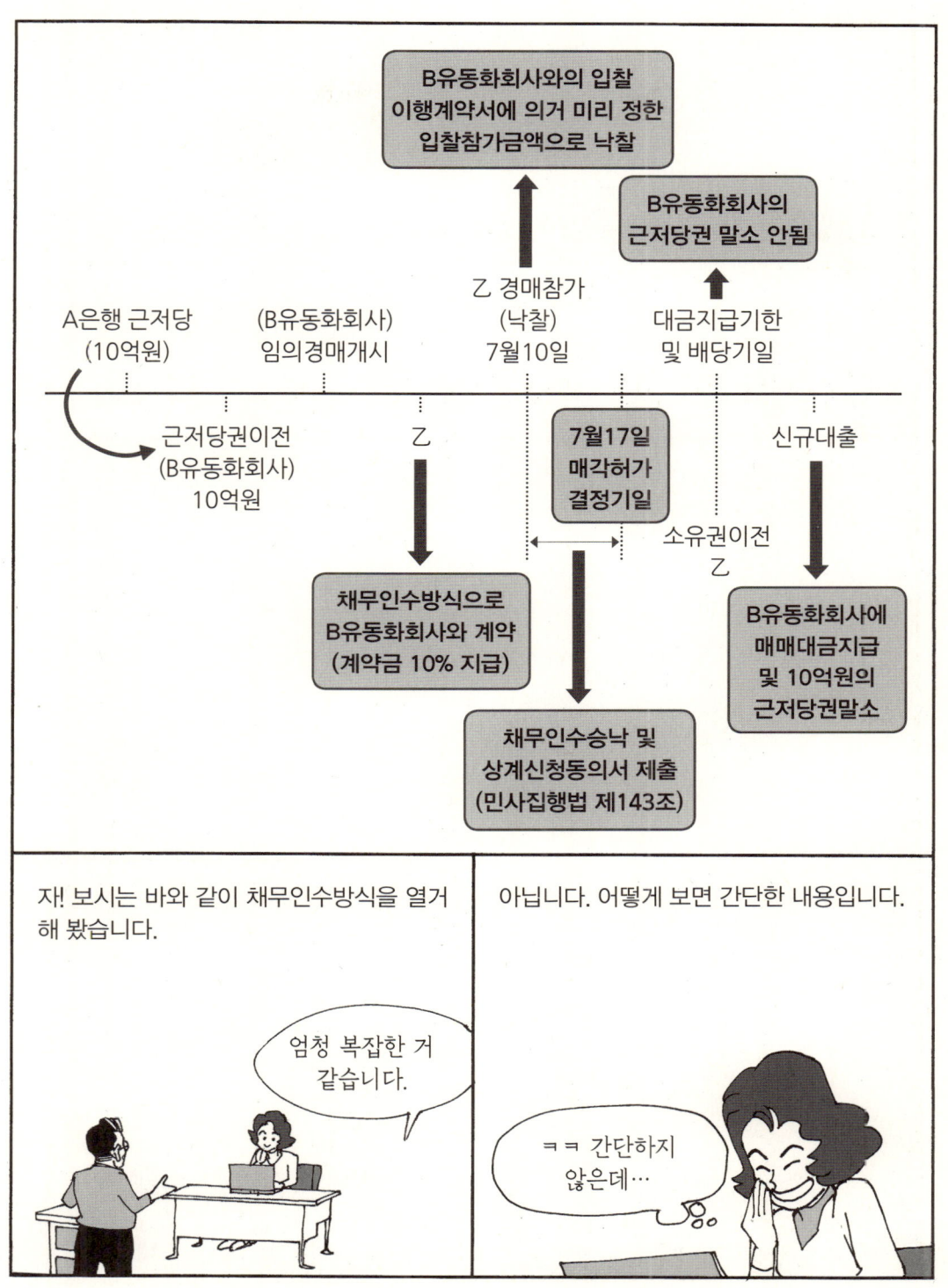

민사집행법 제143조(특별한 지급방법)

① 매수인은 매각조건에 따라 부동산의 부담을 인수하는 외에 배당표(配當表)의 실시에 관하여 매각대금의 한도에서 관계채권자의 승낙이 있으면 대금의 지급에 갈음하여 채무를 인수할 수 있다.
② 채권자가 매수인인 경우에는 매각결정기일이 끝날 때까지 법원에 신고하고 배당받아야 할 금액을 제외한 대금을 배당기일에 낼 수 있다.

채무인수에 관한 승낙서

사　건 : 2020타경 5678호(부동산 임의경매)
매수인 : 乙
채권자 : B유동화전문회사

귀원 2020타경 5678호 부동산 임의경매사건에 관하여 채권자는 매수인의 요청에 따라 매각대금 중 1번 근저당권자인 채권자에게 배당할 금 8억원의 한도 내에서 매수인이 아래와 같이 채무를 인수하는 조건으로 매각대금의 일부 지급에 갈음할 것을 승낙합니다.

아　래

1. 채권의 표시

대출과목	대출일자	대출원금잔액
일반대출금	2017. 05. 10.	800,000,000원
합　계		800,000,000원

첨부서류 : 1. 법인인감증명서 1부
　　　　　 2. 법인등기부등본 1부

2020년 11월 25일

채권자 : B유동화전문회사 (인)

○○지방법원 귀중

채 무 인 수 신 고 서

사　건 : 2020타경 5678호(부동산 임의경매)
채권자 : B유동화전문회사
채무자 : 甲
소유자 : 채무자와 같음

매수인은 아래와 같이 관계채권자(근저당권자)의 승낙을 얻었으므로 동 채권자에 대한 채무자의 채무를 금 8억원의 한도 내에서 매각대금의 지급에 갈음하여 인수하고(근저당권자의 근저당권은 존속시키고), 그 배당액 상당의 매각대금의 지급의무를 면제받기 위하여 민사집행법 제143조 제1항의 규정에 따라 신고합니다. 만일, 매수인이 인수한 채무에 대하여 이의가 제기된 때에는 매수인은 배당기일에 출석하여 이에 해당하는 금액을 내겠습니다.

아　래

근저당권자 : B유동화전문회사

첨부서류 : 1. 채무인수에 관한 승낙서 1부
　　　　　 2. 관계채권자의 인감증명서 1부

2020년 11월 25일

신고인(매수인)　乙　(인)

○○지방법원 귀중

04

NPL의 장단점

자! 이제 NPL의 장단점에 대해서 이야기 해보죠.

알겠습니다.

먼저 우리가 NPL 채권을 매입하는 목적을 생각해보면 두 가지로 생각해 볼 수 있다고 했습니다.

두 가지요…?

하나는 직접 경매에 참여하여 낙찰을 받을 목적이고, 다른 하나는 배당을 받을 목적입니다.

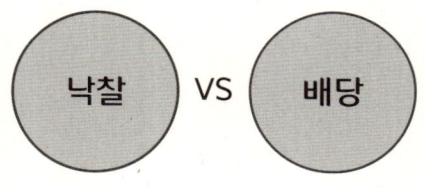

반드시 NPL 채권을 매입할 경우, 이 두가지 목적 중 하나를 결정한 후 매입하는 것이 좋습니다.

목적을 명확히 하라는 말씀이군요?

그렇습니다. NPL 채권을 매입하는 목적을 명확히 하고 들어가는 것이 좋습니다.

왜 그러죠?

그건 NPL의 장단점을 알고 나면 알게 될 겁니다.

알겠습니다~~

먼저 NPL의 장점을 알아보죠.

먼저 장점으로 생각되는 것을 나열한 후 그 이유를 설명하는 방법으로 하겠습니다.

장점을요? 알겠습니다.

그게 좋겠습니다.

NPL의 장점

1. 안전성 : 1순위 저당권에 투자하면 채권확보의 안전성이 높다.
2. 환금성 : 투자기간이 비교적 짧다.
3. 양도세 : 배당소득과 양도세에 유리하다.
4. 자금부담 : NPL 매입에 따른 자금부담이 적다.
5. 낙찰의 용이성

자! NPL의 장점을 말하자면 이렇게 말할 수 있습니다.

알겠습니다. 차례차례 설명을 해드릴게요.

교수님! 근데 조금 설명을 해주시면…

감사합니다.

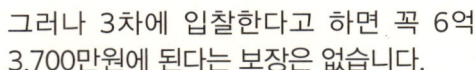

그렇습니다. 그러므로 낙찰받을 목적으로 NPL을 매입한다면 편할 수가 있습니다. **배 당 목 적** 그럼 배당목적으로 한다면 복잡하나요?	일단 배당받을 목적으로 NPL을 매입한다면… 현재 법사가격이 6억 3,700만원 입니다~~ 
그래서 예상낙찰가를 잘 분석해야 됩니다. 전법사가격인 9억1천만원으로 매입을 했는데 낮은 가격으로 낙찰이 된다면… 	그럼 엄청 손해를 보겠죠. 그래서 이런 경우는 배당받을 목적으로는 NPL을 매입하면 안됩니다. 정말 그렇군요~~
또한 요즘은 NPL로 장난을 치는 전문가란 사람들이 참으로 많습니다. 어떤 장난을…? 	예전에 필자에게 상담한 사례가 있습니다. 어떤 상담을…? 

자! 이제 NPL은 과연 어느 정도 자금이 부담되는 지를 보겠습니다. **자금부담** 앗! 이것도 중요하죠…	그렇습니다. 경매참여나 NPL 매입 등 모두 자금을 필요로 하니까 미리미리 준비를 해야 합니다. 자금계획이 틀어지면 모든 게 틀어지니까요.
자! 제3장 NPL 채권 매입방법에서 예시한 것 중에서 자금부담이 더 큰 론세일방식을 보면서 이야기 하기로 하죠. 앗! 그래요~~	이 예시를 보면서 과연 얼마만큼의 자금이 부담되는 지를 보면 좋을 겁니다. 알겠습니다.

	근저당권 이전(농협자산관리) 2016.09.22.	대출금액 21억 6천만원(24억원*90%) 근질권설정 33억원(햇살저축은행) 2020.02.19
2012.04.25 근저당(농협) 33억원	2020.02.19. 근저당권 이전(확정채권 양도) 병정자산관리(매입금액 24억원)	2020.02.19. 질권설정 홍길동

자! 이 경우 실제 NPL 채권 매입자 홍길동은 얼마만큼의 자금이 소요되었는지를 보죠.

실제 홍길동의 필요자금

실제 NPL 매입금액(24억원) − 질권대출금액(21억 6천만원) + 근저당권이전 및 질권설정비용 + 기타 비용

그게 좋겠습니다.

자! 여기서 보면 매입금액 24억원에서 대출금액을 제하면 2억4천만원입니다.

그러니까 33억원의 근저당권을 매입하는 데 있어 이 비용만 소요가 됩니다.

그렇군요…

교수님! 기타 비용에는 뭐가 있나요?

앞에서도 말씀드렸지만 구체적으로 말씀드리는 것은 아닌 것 같습니다.

그렇군요…

어떻게 보면 협상력이 중요하다는 말씀이군요~~

그렇습니다.

자! 이제 낙찰의 용이성을 보기로 하죠.

낙찰의 용이성

히히~ 이제 마지막이네요?

NPL의 장점 중에는 다른 것도 있지만 가장 중요한 점만 말씀드렸습니다.

알겠습니다.

자! 낙찰의 용이성을 보면…이 내용은 참 중요합니다.

그래요~~?

먼저 NPL을 매입한 사람은 근저당권에 대하여 질권설정을 하니까 경매절차의 이해관계인이 됩니다.

이해관계인이요?

그렇습니다. 이해관계인이 되면 경매절차의 모든 서류를 열람할 수 있습니다.

아하! 그렇군요…

그렇기 때문에 복잡한 내용도 모두 열람이 가능합니다.

교수님! 이런 이유 때문에 낙찰이 용이하다는 말씀인가요?

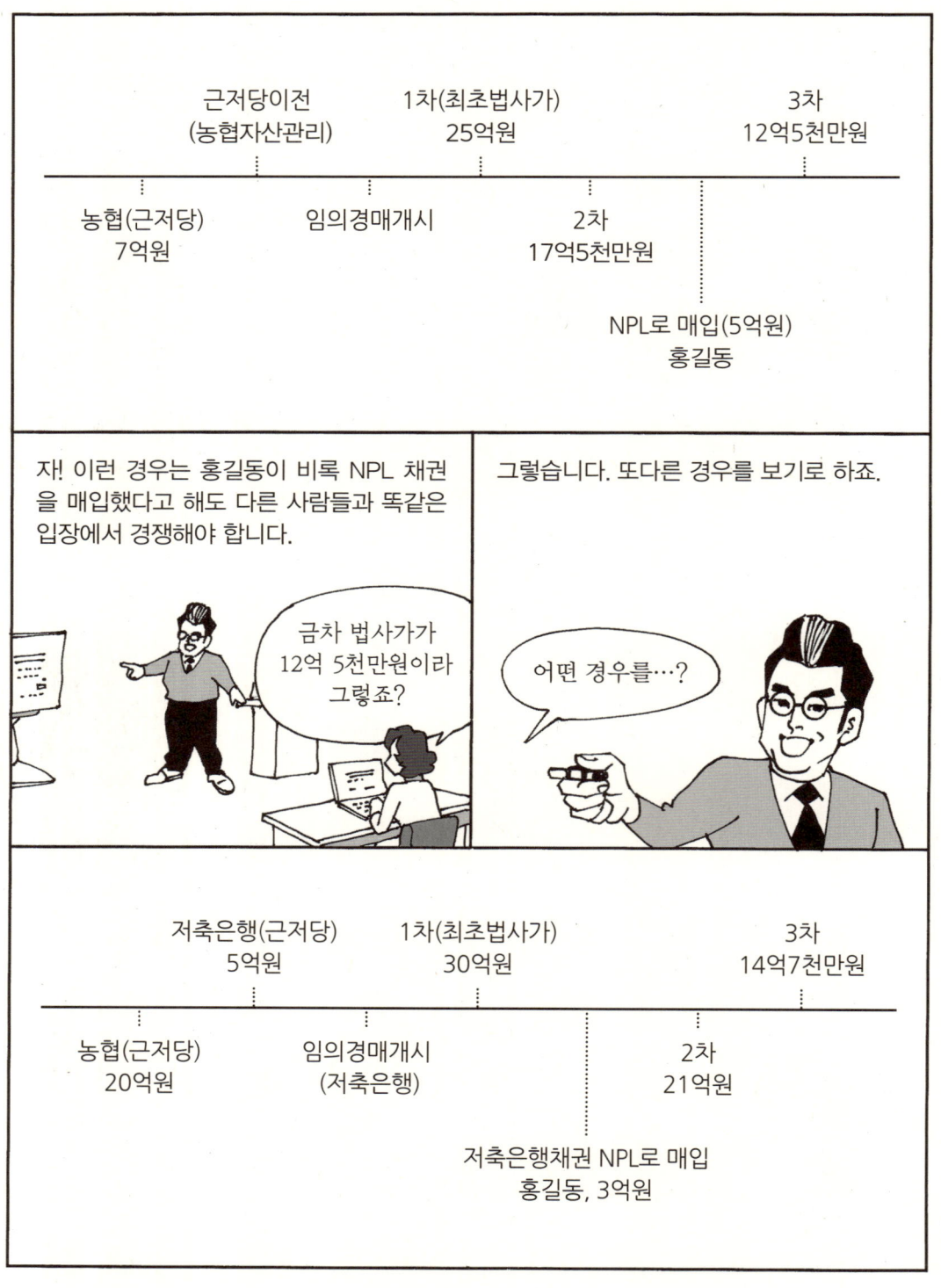

자! 이런 경우 2순위 근저당권을 매입한 홍길동 입장에서는 아주 어려운 위치에 놓이게 됩니다.

그렇습니다. NPL 금액이 너무 작아서 입찰에 영향을 미칠 수가 없습니다.

그렇습니다. 그래서 2순위 채권을 매입할 경우에는 주의를 해야 합니다.

자! 이제 NPL의 단점에 대하여 알아보겠습니다.

NPL의 단점

1. 분석을 제대로 하지 못하면 큰 위험이 따른다.
2. 법원에 채권자 변경, 근저당권 이전, 채권양도통지 등 절차가 복잡하다.
3. 매입협상의 어려움이 있다.
4. NPL 채권 매입 후 채무자가 개인회생신청을 하면 경매가 정지될 수 있다.

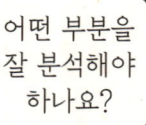

05

NPL 검색방법

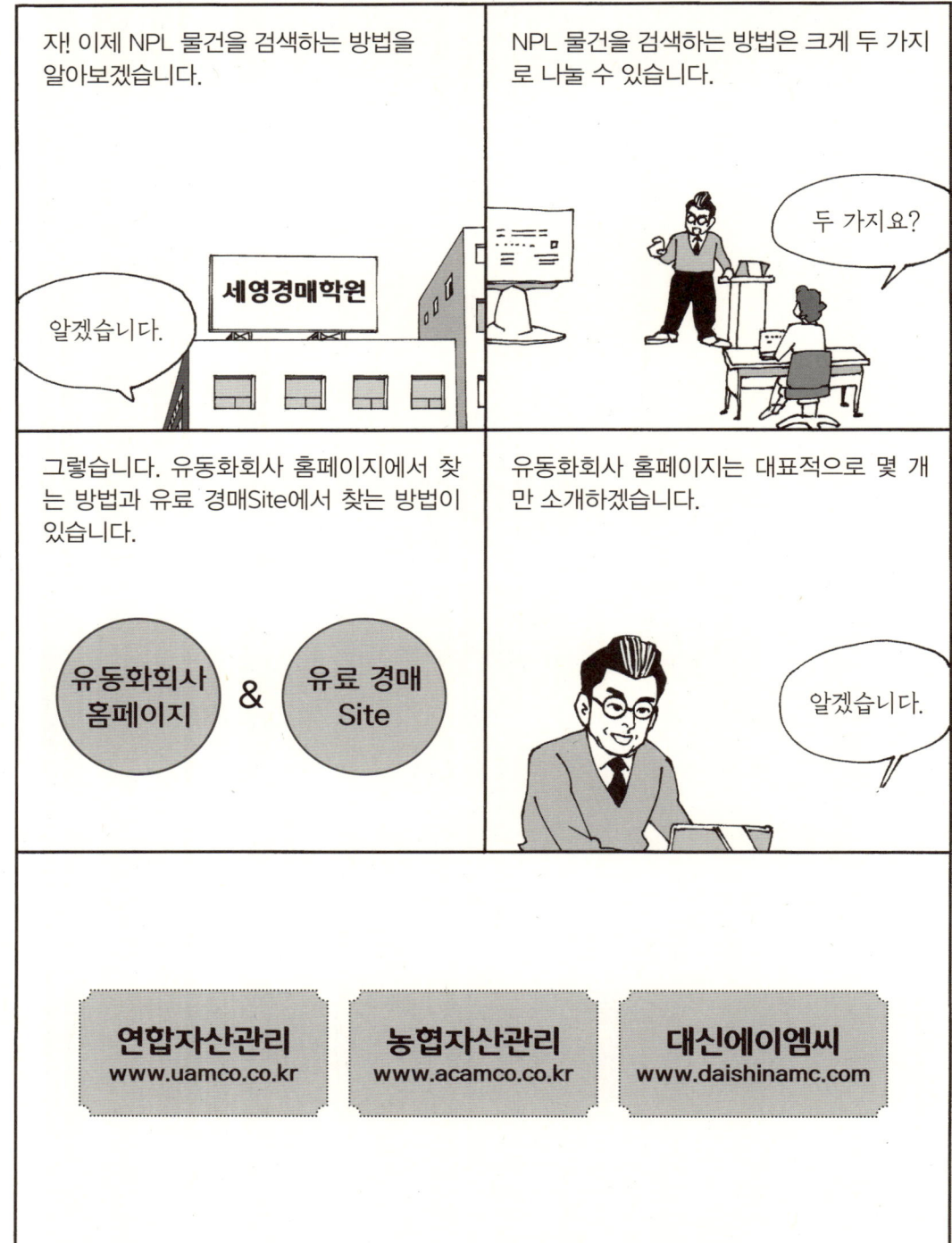

06

NPL 매입협상

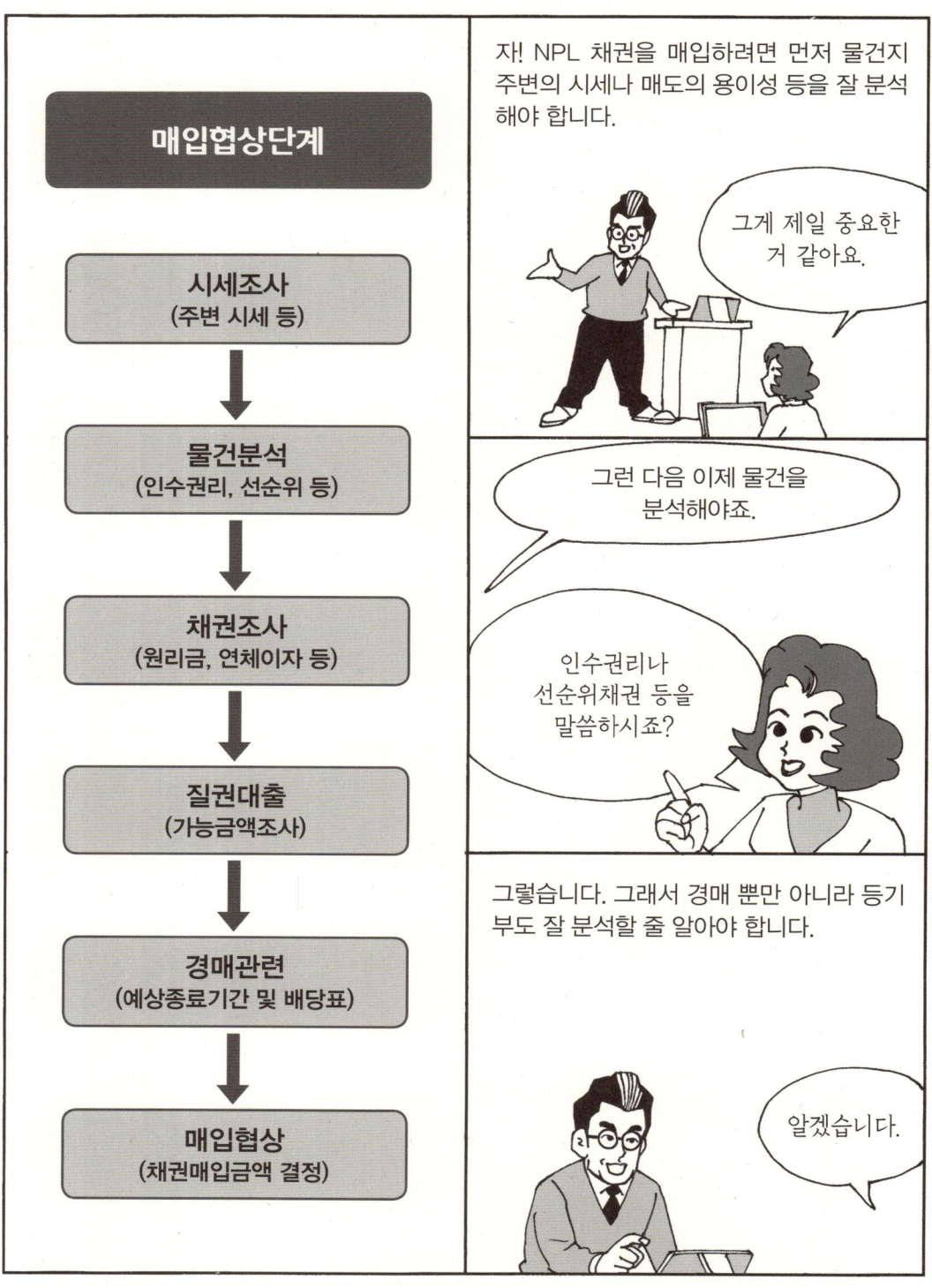

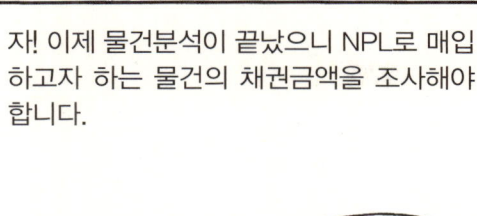

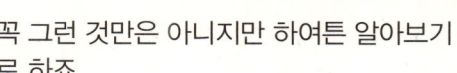

07

잘못된 NPL 투자사례

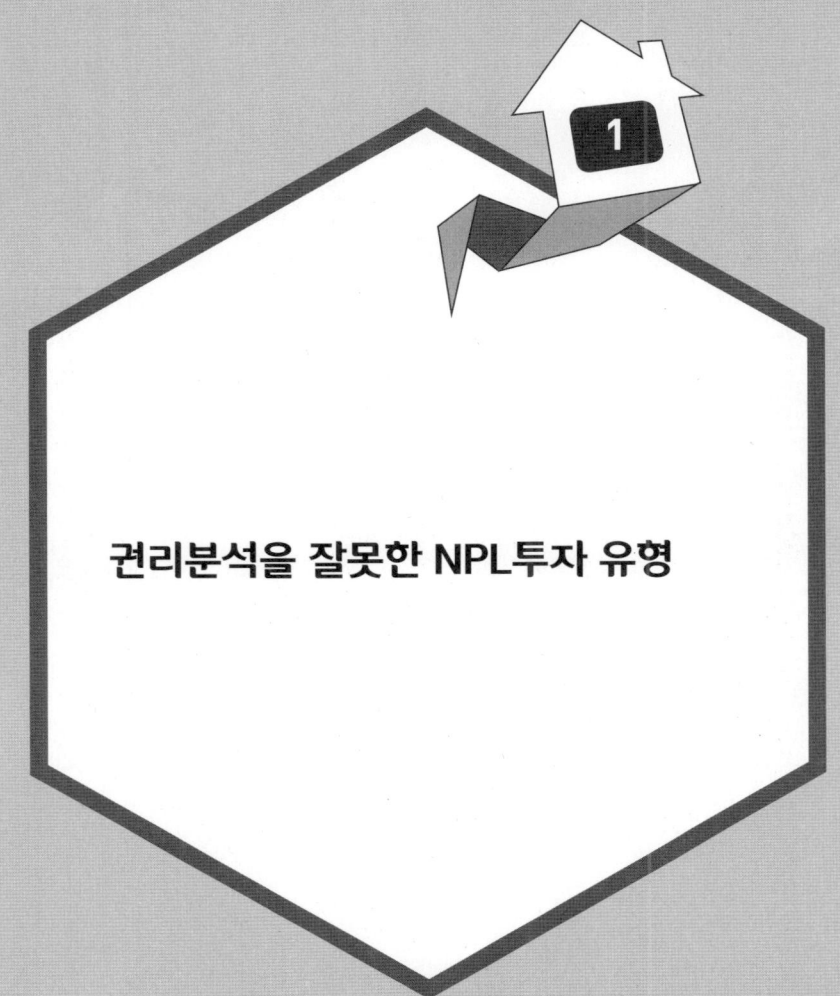

권리분석을 잘못한 NPL투자 유형

북부5계 2018 타경 2073 다세대

소 재 지	서울 강북구 수유동 130-25 송정지가 3층 302호 (01079)서울 강북구 수유로17길 30				
경매구분	임의경매	채 권 자	강남옥션		
용 도	다세대	채무/소유자	장경숙	매 각 기 일	20.12.21(월)10:00
감 정 가	190,000,000 (18.03.08)	청 구 액	67,500,000	다 음 예 정	21.01.25 (25,502,000)
최 저 가	31,877,000 (17%)	토지면적	22.6㎡ (6.8평)	경매개시일	18.02.27
입찰보증금	6,375,400 (20%)	건물면적	38㎡ (11.4평)	배당종기일	18.05.14
주 의 사 항	·재매각물건 특수件분석신청				

※ 위 사례는 지지옥션(www.ggi.co.kr)에서 발췌한 내용입니다.

자! 현재 이 물건은 경매가 진행되고 있습니다.

헐~ 그런데 최저가가 최초법사가의 17%까지 하락했네요?

그렇습니다. 이 물건의 권리분석을 등기분석표를 사용해보면…

그러면 권리관계가 명확해지겠죠?

등 기 분 석 표

갑 구			을 구		
순위	일 자	권리자 및 기타사항	순위	일 자	권리자 및 기타사항
1	2014.08.18.	소유자 임*길			
2	2016.05.11.	소유자 장*숙			
			7	2016.05.20.	근저당권 6,750만(서*석)
			7-1	2017.03.21.	7번 근저당권이전(강남옥션)
			8	2016.05.31.	근저당권 3,000만(박*은)
9	2018.02.27.	임의경매개시 강남옥션			

```
소유자 장*숙        3,000만원         배당요구종기일      31,877,000원
2016.05.11.       근저당(박*은)      2018.05.14.       8회 유찰
                  2016.05.31.                         2020.12.21.

2015.01.27.       2016.05.20.       2018.02.27.       2018.06.20.
박*민(전입,확정)    근저당(강남옥션)    임의경매개시       임차인 박*민
130,000,000원     6,700만원         최초법사가         배당요구
                                    1억9천만원
```

자! 여기에서 보면 현재 이 물건은 최초법사가격의 17%까지 유찰이 되어 금차법사가가 31,877,000원 입니다.

문제는 을구 7번 근저당권 6,700만원을 강남옥션이 NPL로 인수를 했다는 겁니다.

감정가가 1억9천만원이었는데…

왜 그렇게 인수했을까요?

이익이 아니라 대항력있는 임차인이 배당요구종기일 이후에 배당요구를 했으니까…

배당요구를 안한거와 같으니까…

경락자가 임차보증금 1억3천을 인수해야죠.

헐~ 그래서 아무도 입찰을 하지 않았군요.

그렇습니다. 을구 7번 근저당권을 NPL로 매입한 강남옥션은 이익이 아니라 손해를 볼 확률이 엄청 높죠.

그렇겠네요…

그래서 NPL 물건을 매입하려면 여러가지 사항을 조사분석 해야 합니다.

알겠습니다~~

그리고 다시한번 말씀드리지만 NPL매입은 배당요구종기일 이후에 해야 안전하다는 것을 명심하시길 바랍니다.

명심하겠습니다.

자! 이제 또 다른 사례를 보기로 하겠습니다.

옛!!!!!!!!

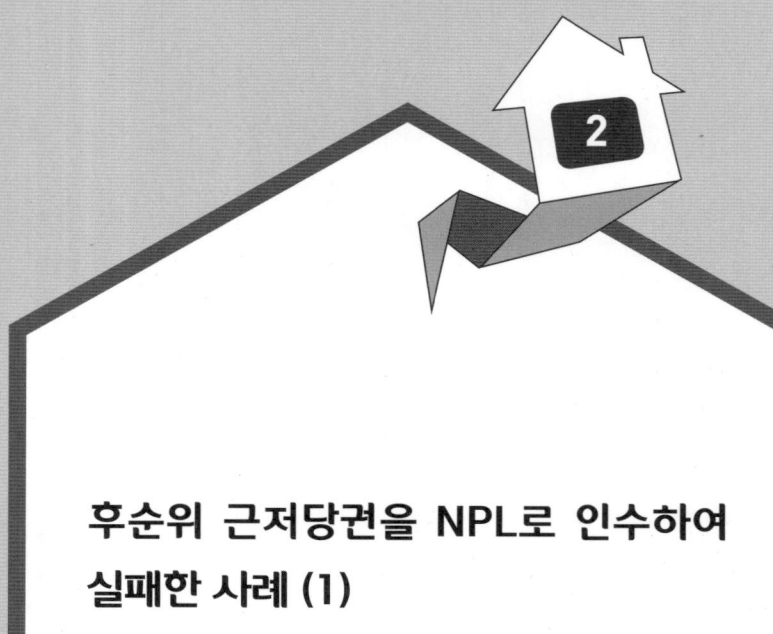

후순위 근저당권을 NPL로 인수하여
실패한 사례 (1)

여주4계 2018 타경 1846 임야

소 재 지	경기 양평군 강하면 동오리 45-34 [일괄]45-8, 45-10, 45-19, 45-23, 외5 도로명주소				
경매구분	강제경매	채 권 자	김성두		
용 도	임야	채무/소유자	유남회 / 유남회외3	매 각 기 일	20.12.16(수)10:00
감 정 가	593,197,610 (18.03.31)	청 구 액	62,046,575	다음 예정	21.01.13 (142,427,000)
최 저 가	203,467,000 (34%)	토 지 면 적	12,194.0㎡ (3,688.7평)	경매개시일	18.03.09
입찰보증금	61,040,100 (30%)	건 물 면 적	0㎡ (0.0평)	배당종기일	18.06.18
주 의 사 항	· 재매각물건 · 일부지분 · 일부맹지 특수件분석신청				

자! 이제 이 물건을 한 번 분석해보죠.

흥미롭겠는데요?

이런 물건의 분석을 보면 왜 2순위채권을 인수하는 것이 위험한 일인지 알 수 있을 겁니다.

전 2순위채권은 No!입니다~~

등기분석표

갑구			을구		
순위	일자	권리자 및 기타사항	순위	일자	권리자 및 기타사항
			1	2009.07.08.	근저당권 6억5천만원 (양주축협)
1	2010.07.28.	소유자 유*희			
			3	2010.08.06. NO.32917	근저당권 1억5천만원 (김*두)
			3-3	2020.08.18.	3번 근저당권이전 (김*경 1/2, 윤*상 1/2)
2	2010.08.06. No.32918	소유권이전청구권가등기 (김*수, 한*수)			
15	2018.03.12.	임의경매개시(김*두)			

```
         근저당(김*두)                         3회유찰
         1억5천만원        배당요구종기일     (203,467,000원)
         2010.08.06.       2018.06.18.         2020.12.16.
    ┊         ┊                 ┊                   ┊
2009.07.08.              2018.03.12.           2020.08.18.
근저당(양주축협)         임의경매개시(김*두)   3번 근저당권이전
6억5천만원
```

자! 여기서 보면 을구 3번 근저당권을 NPL로 매입한 을구 3-3을 보기로 하죠.

배당요구종기일 이후에 NPL채권을 매입하기는 했지만…

최초법사가격이 593,197,610원이었는데 유찰이 되어 현재는 법사가가 203,467,000원이라 1순위 채권도 배당을 다 못받는데…

NPL채권을 매입한 사람은 아예 배당은 한푼도 없겠군요…

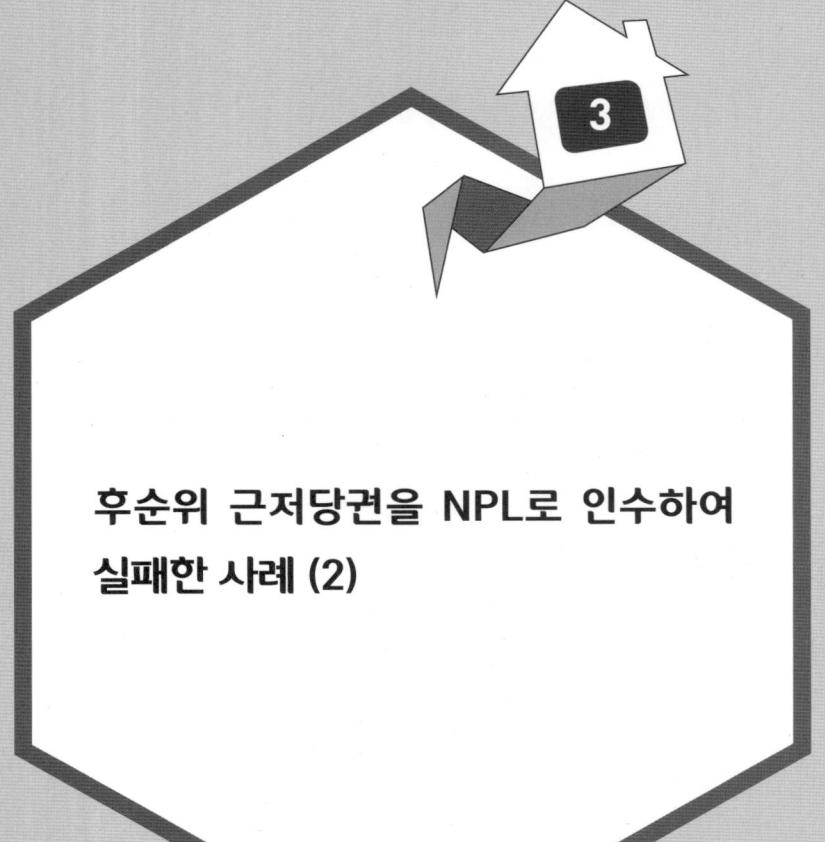

후순위 근저당권을 NPL로 인수하여 실패한 사례 (2)

고양1계 2019 타경 7743 대지

소 재 지	경기 파주시 광탄면 신산리 192-27 [일괄]192-28, 192-29, 192-30, 192-31, (10948)경기 파주시 광탄면 악대울길 52				
경매구분	임의경매	채 권 자	영덕북부수협		
용 도	대지	채무/소유자	박용석	매각기일	20.12.08(화)10:00
감 정 가	1,570,800,000 (19.07.01)	청 구 액	731,792,650	다음예정	21.01.26 (377,149,000)
최 저 가	538,784,000 (34%)	토지면적	2,618.0㎡ (791.9평)	경매개시일	19.06.21
입찰보증금	107,756,800 (20%)	건물면적	0㎡ (0.0평)	배당종기일	19.09.05
주 의 사 항	· 재매각물건 · 법정지상권 · 입찰외 · 토지만입찰 특수件분석신청				

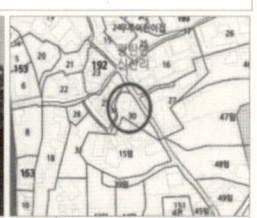

소재지/감정요약	물건번호/면적(㎡)	감정가/최저가/과정	임차조사	등기권리
(10948) 경기 파주시 광탄면 신산리 192-27 [악대울길52] 감정평가액 토지 : 514,800,000	물건번호: 단독물건 대지 858.0 (259.55평) ₩514,800,000 현황조사시재개발 지역이나공사중단상 태 단독주택부지,일부폐	감정가 1,570,800,000 · 토지 1,570,800,000 (100%) (평당 1,983,484) 최저가 538,784,000 (34%)	법원임차조사 김옥자 전입 2013-09-10 확정 2013-09-10 배당 2020-01-08 (보) 20,000,000 주거/전부 점유기간 2013.05.18-	소유권 박용석 2017-06-23 전소유자:청송심씨 이경공파종중 근저당 영덕북부수협 지산 2017-06-23 910,000,000
감정평가서요약		경매진행과정		

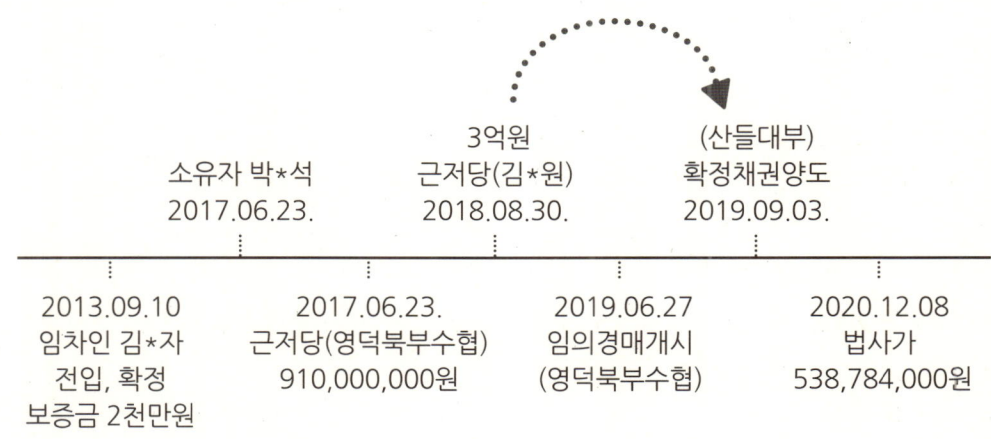

117
❼ 잘못된 NPL 투자사례

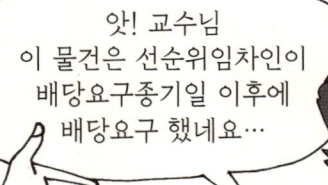

근저당권부채권근질권이 선순위로 설정된 NPL채권을 대부법인으로부터 후순위로 매입한 개인의 질권의 운명은?

중앙10계 2019 타경 105246 다세대

소 재 지	서울 종로구 구기동 51-4 모던빌 지1층 B01호 (03012)서울 종로구 홍지문길 83				
경매구분	임의경매	채 권 자	종로서부(새)		
용 도	다세대	채무/소유자	여경임	매 각 기 일	20.12.22(화)10:00
감 정 가	431,000,000 (19.07.24)	청 구 액	231,270,140	다 음 예 정	21.02.02 (220,672,000)
최 저 가	275,840,000 (64%)	토지면적	101.8㎡ (30.8평)	경매개시일	19.07.09
입찰보증금	27,584,000 (10%)	건물면적	106㎡ (31.9평)	배당종기일	19.09.19

소재지/감정요약	물건번호/면적(m²)	감정가/최저가/과정	임차조사	등기권리
(03012) 서울 종로구 구기동 51-4 모던빌 지1층 B01호 [홍지문길83] **감정평가서요약** - 철콘구조철콘지붕 - 세검정초등교북서측인근 - 주변다세대및단독주택,각	물건번호: 단독물건 대지 101.8/407 (30.78평) ₩215,500,000 건물 · 건물 105.5 (31.93평) ₩215,500,000 방4,욕실2	감정가 431,000,000 · 대지 215,500,000 (50%) (평당 7,001,300) · 건물 215,500,000 (50%) 최저가 275,840,000 (64%)	**법원임차조사** 여미혜 전입 2010-05-11 주거 소유자의친언니 여인상 전입 2011-11-18 확정 2015-11-01 배당 2019-09-05 (보) 100,000,000	소유권 여경임 2009-05-08 전소유자:여광운 근저당 로고스대부 2015-10-15 286,000,000 가압류 서울신용보증재단 회생지원부 2016-06-29

자! 이제 이 물건을 주의해서 분석을 해보도록 하겠습니다.

특히 주의하는 이유라도…?

맞습니다. 이런 유형은 여러분들이 많은 피해를 볼 수 있는 유형이기도 합니다.

사기 당하는…

등기분석표

갑 구			을 구		
순위	일 자	권리자 및 기타사항	순위	일 자	권리자 및 기타사항
5	2009.05.08.	소유자 정*			
			18	2015.10.15.	근저당권(종로서부새마을) 286백만원
			18-1	2019.09.27.	18번 근저당권이전 (신현대부)
			18-2	2019.09.27.	18번 근저당권이전 (로고스대부)
			18-3	2019.09.27.	18번 근저당권부채권근질권 (우리캐피탈 286백만원)
			18-4	2019.10.11	18번 근저당권부채권질권 (한*정, 75,871,400원)
			18-5	2019.10.11.	18번 근저당권부채권질권 (손*식, 3,612,900원)
20	2019.07.09.	임의경매개시 (종로서부새마을)			

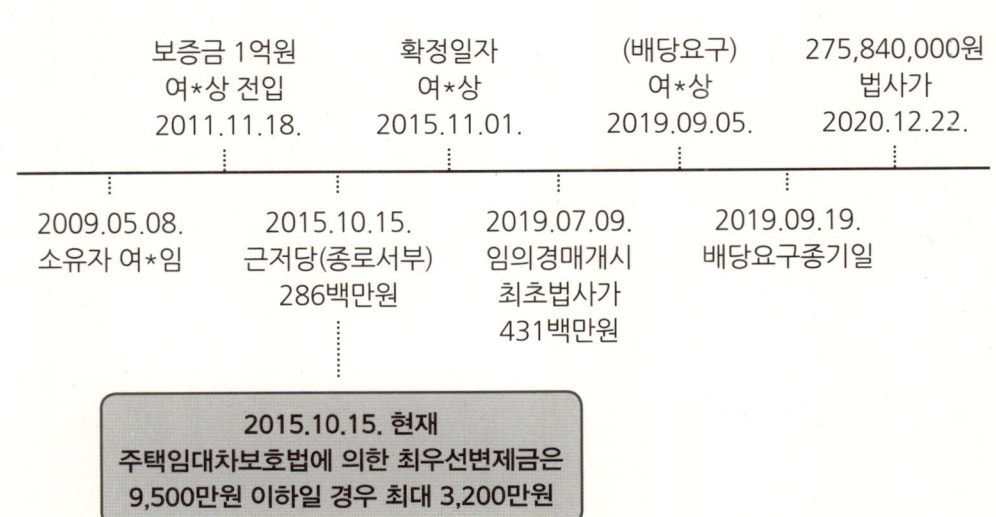

2015.10.15. 현재
주택임대차보호법에 의한 최우선변제금은
9,500만원 이하일 경우 최대 3,200만원

자! 먼저 등기분석표부터 보겠습니다. 을구 18번 등기와 같이 최초로 새마을금고에 근저당권을 설정했습니다. 	그런 다음 당일에 로고스대부에 근저당권을 이전하고, 로고스대부는 우리캐피탈에 근질권설정을 했습니다. 
그렇습니다. 질권대출은 인수가액의 90%까지 대출을 해주니까… 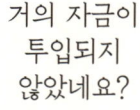	맞습니다. 그런데 여기서 웃기는 일이 일어납니다.
을구 18-4와 18-5를 보면 로고스대부는 개인들에게 질권을 설정해주고 또 투자를 받았습니다. 	그렇습니다. 어떻게 보면 마법과 같은 일이 벌어진 거죠. 

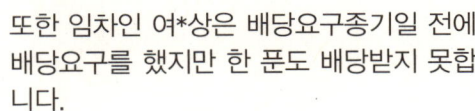

물건에 대한 권리분석을 잘못하여 투자한 NPL채권매입과 후순위근저당권의 NPL채권을 매입한 경우

고양2계 2019 타경 66940 전

소재지	경기 파주시 금촌동 120-4 [일괄]801-3. 도로명주소				
경매구분	임의경매	채권자	(주)파인드솔루션		
용도	전	채무/소유자	코리아알앤에프	매각기일	20.12.09(수)10:00
감정가	6,581,190,000 (19.09.04)	청구액	324,000,000	다음예정	21.01.27 (1,580,144,000)
최저가	2,257,348,000 (34%)	토지면적	2,719.5㎡ (822.6평)	경매개시일	19.08.19
입찰보증금	225,734,800 (10%)	건물면적	0㎡ (0.0평)	배당종기일	19.11.18
주의사항	·유치권 ·법정지상권 ·입찰외 ·토지만입찰 특수件분석신청				

   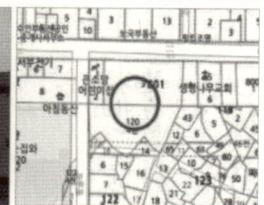

자! 이 물건도 NPL 채권을 매입하는데 있어 물건분석의 중요성을 알려주는 사례입니다.

그렇습니다. 보시는 바와 같이 건축 중인 건물이 있으나 토지만 경매에 나온 경우입니다.

유치권과 법정지상권도 분석해야 겠군요?

유치권도 있군요?

등기분석표

	갑 구			을 구	
순위	일 자	권리자 및 기타사항	순위	일 자	권리자 및 기타사항
10	2019.03.11.	소유자 코리아**컨설팅			
			10	2019.03.11.	근저당권설정 (안양저축은행) 30억원
			10-1	2019.12.30.	10번 근저당권이전 (한나투자대부)
			10-2	2019.12.30.	10번 근저당권부채권 근질권 설정(스카이저축)
			13	2019.03.11	근저당권설정 (파인솔루션) 324,000,000원
			14	2019.03.29.	근저당권설정(다모아대부) 75,000,000원
			17	2019.04.05.	근저당권설정(케이자산대부) 20억원
			17-1	2019.04.05.	17번 근저당권부질권 (변*희, 최*현) 18억원
20	2019.11.19.	임의경매개시 (안양저축은행)			

시세분석 및 낙찰율 분석을 잘못한 경우

북부3계 2019 타경 2308 다세대(생활주택)

소 재 지	서울 도봉구 방학동 658-7 한신빌라트 2층 202호 (01352)서울 도봉구 도당로 117-3				
경매구분	임의경매	채 권 자	신한은행		
용 도	다세대(생활주택)	채무/소유자	박용주	매각기일	20.12.14(월)10:00
감 정 가	258,000,000 (19.04.01)	청구액	159,874,644	다음예정	21.01.18 (132,096,000)
최 저 가	165,120,000 (64%)	토지면적	29.9㎡ (9.0평)	경매개시일	19.03.21
입찰보증금	16,512,000 (10%)	건물면적	54㎡ (16.4평)	배당종기일	19.06.03

   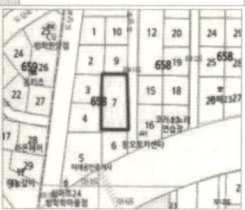

등 기 분 석 표

갑 구			을 구		
순위	일 자	권리자 및 기타사항	순위	일 자	권리자 및 기타사항
			1	2015.07.01.	근저당(신한은행) 199,200,000원
			1-1	2019.06.27.	1번 근저당권이전 (제이비더블유유한회사)
			1-2	2019.06.27.	1번 근저당권이전 (에이원자산관리)
			1-3	2019.06.27.	1번근저당권부채권근질권설정(제이비캐피탈)
			2	2016.09.13.	근저당(비엔케이캐피탈) 22,000,000원
7	2019.03.21.				

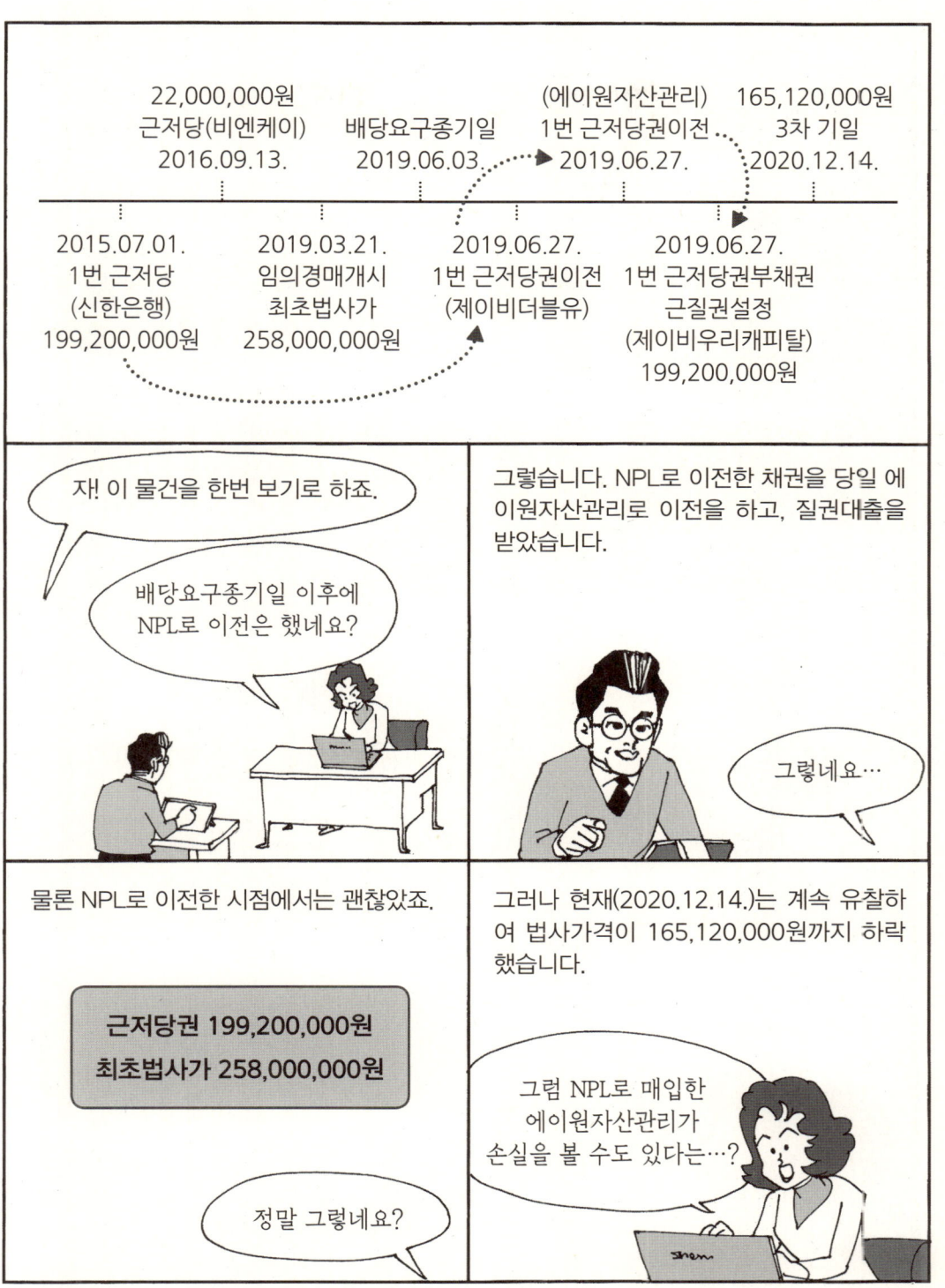

NPL로 매입한 채권에 대한 방어입찰을 안한 경우

중앙21계 2016 타경 3301 상가

소 재 지	서울 서초구 양재동 215 하이브랜드 지1층 리빙관지1지130호 (06771)서울 서초구 매헌로 16			
경매구분	임의경매	채 권 자	정OO	
용 도	상가	채무/소유자	김OO / 김OOOO	매 각 기 일	16.12.06 (464,890,000원)
감 정 가	669,000,000 (16.04.04)	청 구 액	481,000,000	종 국 결 과	17.03.23 배당종결
최 저 가	428,160,000 (64%)	토지면적	27.1㎡ (8.2평)	경매개시일	16.03.25
입찰보증금	42,816,000 (10%)	건물면적	25㎡ (7.6평)	배당종기일	16.06.23

   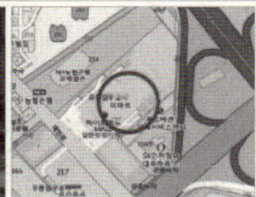

자! 이 물건은 2016년도 사건입니다. 이 물건을 통하여 NPL을 매입한 경우 어떻게 대응해야 하는 것을 보겠습니다.

이 물건은 많은 생각을 하게 하는 사례입니다.

❼ 잘못된 NPL 투자사례

등기분석표

갑구			을구		
순위	일 자	권리자 및 기타사항	순위	일 자	권리자 및 기타사항
2	2005.04.07.	소유자 김*흥, 최*옥			
			3	2005.07.26.	근저당권(신한은행) 481,000,000원
			3-2	2015.04.01.	3번 근저당권이전 (유동화전문유한회사)
			3-3	2016.02.12.	3번 근저당권이전 (정*훈)
			3-4	2016.02.12.	3번 근저당권부근질권 (대신저축) 481,000,000원
			6	2012.07.18.	근저당권(스마일저축) 91,000,000원
			6-1	2014.01.16.	6번 근저당권이전 (오에스비저축)
			6-3	2015.08.05.	6번 근저당권이전 (아이엠에셋)
19	2016.03.29.	임의경매개시(정*훈)			
20	2017.02.24.	임의경매로 인한 매각 (소유자 민*규)			

자! 등기분석표 을구 3-3에서 보면 정*훈 씨는 NPL채권을 매입하고, 질권대출을 받은 것을 알 수 있습니다.

교수님! 을구 6-3과 같이 후순위근저당권을 NPL로 인수한 경우도 있네요?

이해가 안가는 것 같지만 이런 경우를 많이 볼 수가 있습니다.

그래요…?

자! 여기서 궁금한 것이 을구 3-3번 NPL 매입자 정*훈씨 입니다.

왜요?

정*훈씨가 NPL채권을 매입한 금액이, 채권최고액 481,000,000원인데, 왜 경매에 참여를 하지 않았는지…

3명이 응찰했으니까 응찰했을 수도…

그렇다면 정*훈씨가 채권최고액으로 응찰했더라도 전액 본인이 배당받을 텐데…

맞아요.

우린 NPL로 채권을 매입하는 목적이 경락을 받거나, 배당을 받거나 두 가지 중에 하나라고 했습니다.

예. 알고 있습니다.

그런데 이 물건의 경락자가 민*규씨 인 것을 보면 NPL매입자 정*훈씨가 조금 생각을 잘못한 거 같습니다.

저 같으면 참여했을텐데…

여기서 한 가지 더 알고 가기로 하죠.

어떤 것을요?

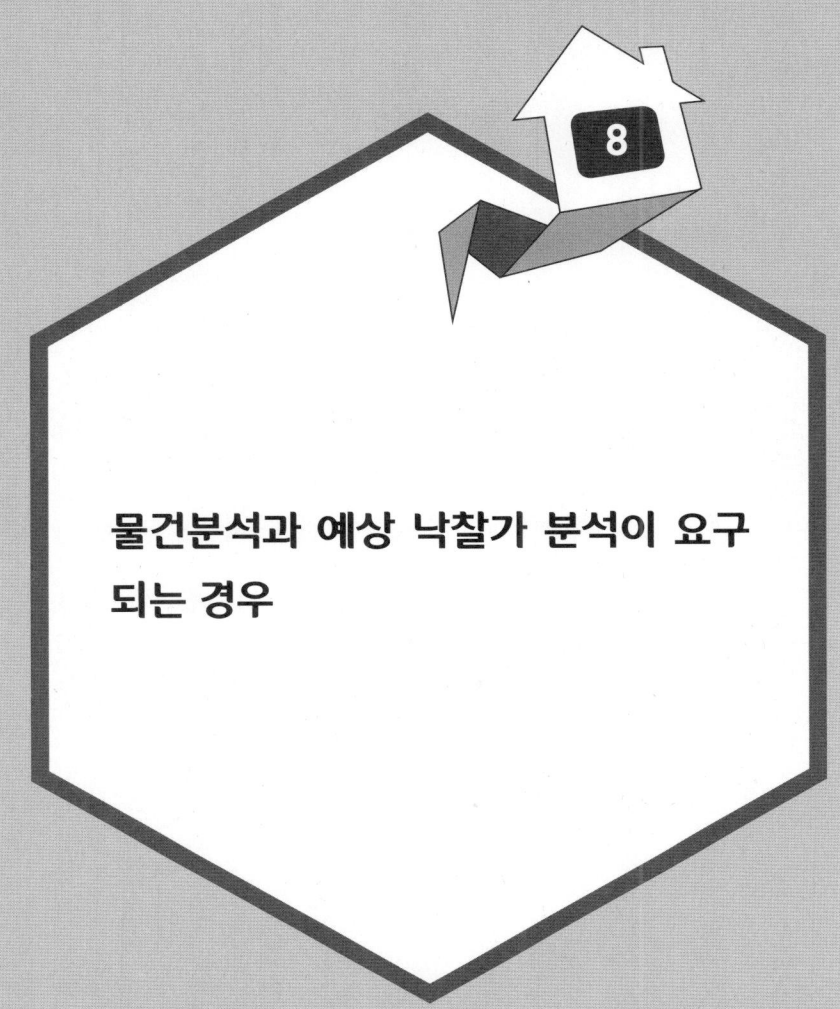

물건분석과 예상 낙찰가 분석이 요구되는 경우

고양10계 2019 타경 2854 주상복합(상가)

소재지	경기 고양시 일산서구 주엽동 73 강선마을 복합상가 동관 2층 204호 [일괄]205호, 206호, (10366)경기 고양시 일산서구 중앙로 1388				
경매구분	임의경매	채권자	국OOO		
용도	주상복합(상가)	채무/소유자	임OO	매각기일	20.04.22 (740,000,000원)
감정가	1,331,000,000 (19.03.21)	청구액	678,102,614	종국결과	20.07.16 배당종결
최저가	319,573,000 (24%)	토지면적	110.7㎡ (33.5평)	경매개시일	19.03.08
입찰보증금	31,957,300 (10%)	건물면적	252㎡ (76.3평)	배당종기일	19.06.03

  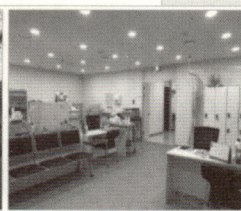 

등 기 분 석 표

갑 구			을 구		
순위	일자	권리자 및 기타사항	순위	일자	권리자 및 기타사항
			8	2017.10.25.	근저당(국민은행) 780,000,000원
			8-3	2020.04.20.	8번 근저당권이전 (가치자산관리대부)
			8-4	2020.04.20.	8번 근저당권부채권근질권 (모아저축은행)
			8-5	2020.04.20.	8번 근저당권부채권근질권 (김*남) 1억5천만
			9	2017.12.05.	근저당(임*원) 200,000,000원
17	2019.03.12.	임의경매(국민은행)			

물건분석과 판례 등을 알아야 하는 경우

성남1계 2018 타경 2587 주상복합(아파트)

소재지	경기 성남시 분당구 정자동 180 미켈란쉐르빌 38층 D-3801호 (13562)경기 성남시 분당구 정자일로 100				
경매구분	임의경매	채권자	하OOOO		
용도	주상복합(아파트)	채무/소유자	이OO	매각기일	20.01.13 (743,040,000원)
감정가	2,800,000,000 (18.03.24)	청구액	417,808,630	종국결과	20.04.23 배당종결
최저가	672,280,000 (24%)	토지면적	44.2㎡ (13.4평)	경매개시일	18.03.13
입찰보증금	134,456,000 (20%)	건물면적	245㎡ (74.0평) [92평형]	배당종기일	18.05.21
주의사항	· 재매각물건 · 유치권 · 선순위전세권 특수件분석신청 · 소멸되지 않는 권리 : 을구 21번 2016.10.31. 접수 제59537호 전세권				

등 기 분 석 표

갑 구			을 구		
순위	일자	권리자 및 기타사항	순위	일자	권리자 및 기타사항
			21	2016.10.30.	전세권(유*경) 15억원
			23	2016.10.31.	근저당권(하나캐피탈) 480,000,000원
			23-1	2018.11.22.	23번 근저당권이전 (해진에셋대부)
			24	2016.11.17.	근저당권(정*자) 2억원
			24-1	2018.11.13.	24번 근저당권이전 (이*숙)
21	2018.03.13.	임의경매개시(하나캐피탈)	25	2017.07.03.	근저당권(황*구) 6억원

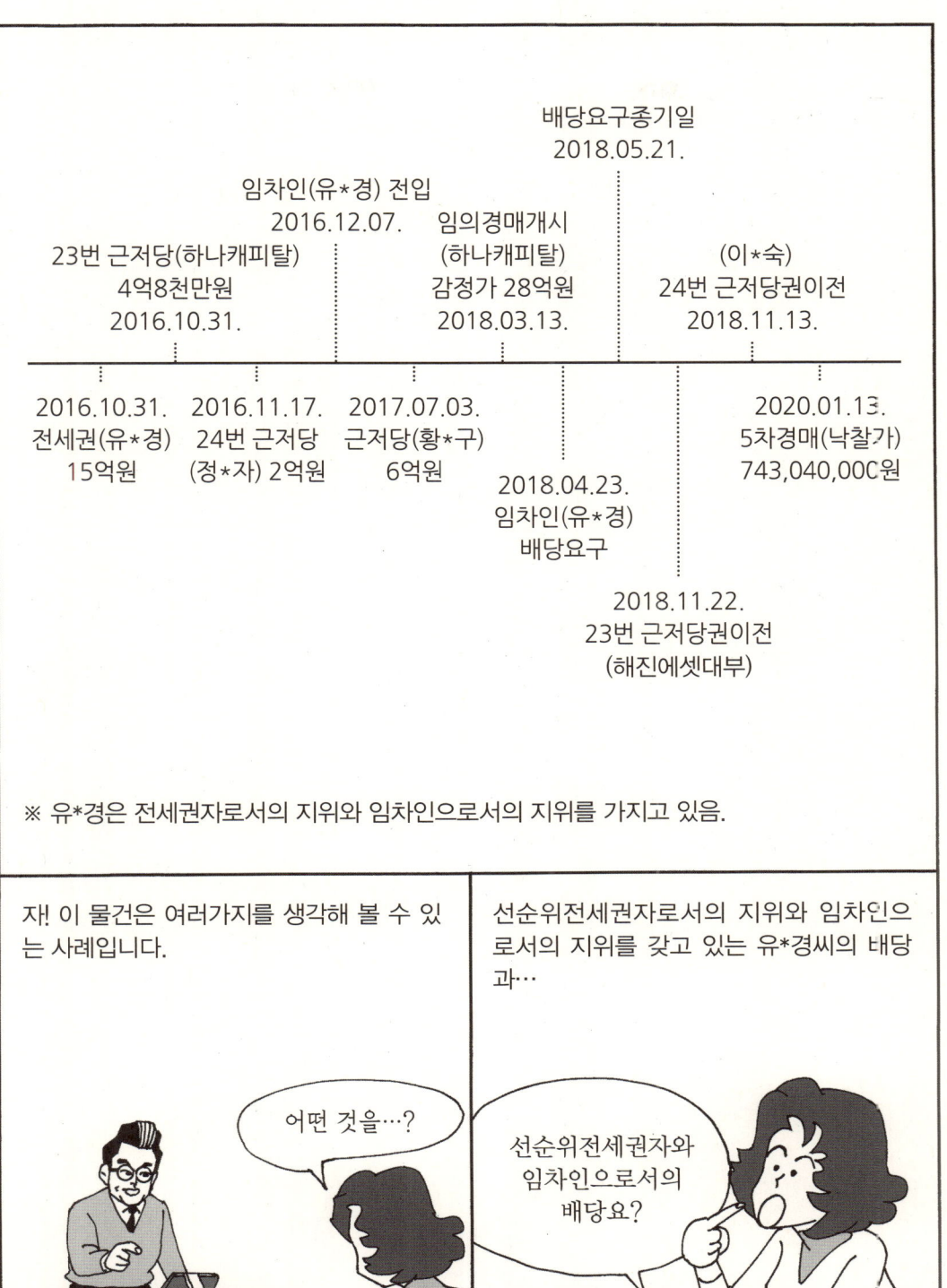

대법원 2010.6.24.선고 2009다40790판결

【판시사항】
주택임대차보호법상 임차인으로서의 지위와 전세권자로서의 지위를 함께 가지고 있는 자가 임차인으로서의 지위에 기하여 경매법원에 배당요구를 한 경우, 전세권에 관하여도 배당요구가 있는 것으로 볼 수 있는지 여부(소극)

【판결요지】
민사집행법 제91조 제3항은 "전세권은 저당권·압류채권·가압류채권에 대항할 수 없는 경우에는 매각으로 소멸된다."라고 규정하고, 같은 조 제4항은 "제3항의 경우 외의 전세권은 매수인이 인수한다. 다만, 전세권자가 배당요구를 하면 매각으로 소멸된다."라고 규정하고 있고, 이는 저당권 등에 대항할 수 없는 전세권과 달리 최선순위의 전세권은 오로지 전세권자의 배당요구에만 소멸되고, 전세권자가 배당요구를 하지 않는 한 매수인에게 인수되며, 반대로 배당요구를 하면 존속기간에 상관없이 소멸한다는 취지라고 할 것인 점, 주택임차인이 그 지위를 강화하고자 별도로 전세권설정등기를 마치더라도 주택임대차보호법상 임차인으로서 우선변제를 받을 수 있는 권리와 전세권자로서 우선변제를 받을 수 있는 권리는 근거규정 및 성립요건을 달리하는 별개의 권리라고 할 것인 점 등에 비추어 보면, 주택임대차보호법상 임차인으로서의 지위와 전세권자로서의 지위를 함께 가지고 있는 자가 그 중 임차인으로서의 지위에 기하여 경매법원에 배당요구를 하였다면 배당요구를 하지 아니한 전세권에 관하여는 배당요구가 있는 것으로 볼 수 없다.

자! 이 판례에는 이 물건의 사례와 동일한 내용이 있습니다. 정말 그렇네요~~ 	그래서 선순위전세권자 유*경씨가 어떤 자격으로 배당요구를 했는지 반드시 확인해야 합니다. 그럼 이 물건에서는…?
주택임대차보호법상의 임차인으로서 배당요구를 했습니다. 어! 그럼 선순위전세권 15억원을 인수하네요? 	그렇습니다. 그래서 이렇게 유찰이 된 겁니다. 법원경매기록에는 배당요구를 했다고 나왔는데…
그렇지만 어떤 자격으로 배당요구를 했는지 반드시 확인해야 합니다. 알겠습니다. 	그래서 후순위근저당권인 을구 24번 정*자씨의 2억원의 근저당권을 NPL로 이전한 24-1번의 이*숙씨는 원금회수도 어려울 뻔 했습니다. 정말 그렇군요… 

08

판례 및 조세심판원 사례 등

No	판결요지	사건번호	페이지
1	부실채권 담보부동산 경락대금에 포함된 이자에 대하여 과세할 수 있는지 여부	서울고등법원 2007누4256	153
2	담보부 부실채권(NPL)을 유동화전문회사로부터 인수한 자가 NPL에 따른 부동산 경매에 응찰하여 경락받은 부동산을 양도한 경우의 취득가액	국세청 2015-법령해석 (재산 - 0019, 2015.06.18.)	159
3	형식상의 경락가는 실지거래가액으로 양도소득세를 산정할 수 없음	창원지방법원 2017구합 50339	163
4	쟁점부실채권회수이익을 사업소득으로 보아 종합소득세를 과세한 처분의 당부	조심-2017-서-3225 (2018.04.17.)	169

부실채권 담보부동산 경락대금에 포함된 이자에 대하여 과세할 수 있는지 여부

【요지】
부실채권매매를 업으로 하지 아니하는 개인이 민법상 채권양도의 방식으로 부실채권을 매수하였다가 매각함에 따라 발생한 처분이익은 과세 대상소득에 해당되지 아니함

서울고등법원 2007누4256 [1심 : 서울행정법원 2006구합32702]

(법원) 매매계약 당시를 기준으로 하여 근저당권의 목적물이 장차 경매과정에서 낙찰될 경우 그 평가액 및 투자금액 회수 및 장래수익창출 가능성 또는 위험성을 각자 나름대로 평가하여 그와 같은 금액에 관한 의사의 합치가 이루어진 것이다.

(원고) 맞아요~~

(법원) 만약 유동화자산의 평가가치가 상승 또는 하락될 경우 그로 인한 이익 또는 손해는 원고가 부담하기로 하는 내용의 의사가 상호 합치하였다고 해석하는 것이 거래관념에 부합한다고 보인다.

(원고) 정말 그랬습니다~~

(법원) 또한 원고와 배당법원에서는 탕감된 채권원금 혹은 유동화자산의 매매대금을 포함하는 부분은 기술적으로 이자 항목에 포함시켜 채권계산서를 작성할 수밖에 없을 뿐이었다.

(피고) 점점 이상하게 가고 있는데…

(법원) 소득세법에서는 채권 또는 증권의 환매조건부 매매차익에 대해서만 이자소득으로 규정하고 있어 일반적인 채권의 매매차익은 이자소득으로 보지 않고 있는 점 등을 볼 때…

(원고) ㅋㅋ 내가 이겼군~~

(법원) 원고가 부동산저당채권을 유동화전문회사로부터 매수하여 그 부동산에 관한 경매절차에서 매매대금액을 초과하여 지급받은 배당금의 본질을 유동화자산에 대한 투자수익 또는 매매차익이라 할 것이지 소득세법상 비영업대금으로서 이자소득에 해당된다고 볼 수 없다. 땅! 땅! 땅!

(원고) 만세!!!!!!

자! 여기서 한 가지 생각을 해야 합니다.

뭐를요?

담보부 부실채권(NPL)을 유동화전문회사로부터 인수한 자가 NPL에 따른 부동산 경매에 응찰하여 경락받은 부동산을 양도한 경우의 취득가액

【요지】

근저당권을 양수 후 경매에 참가하여 고가로 응찰한 해당 경매가액(88백만원)은 오로지 동일 과세기간의 다른 양도차익과 해당 부동산의 양도차손을 통산할 목적의 형식적인 경매가액에 불과하여 실지 취득가액으로 인정될 수 없으며, 해당 부동산의 취득에 든 실지거래가액은 甲이 실제로 부담한 근저당채권 인수가액과 실질 경매대금의 합계액으로 하는 것임

이런 경우 국세청에서는 해당 부동산의 취득에 든 실지거래가액은 甲이 실제로 부담한 근저당권 인수가액 5백만원과 실질 경매대금 2백만원의 합계액으로 하는 것이라고 해석했습니다. 아하~ 그럼 양도세는…?	1,000만원 - 700만원의 차익인 300만원에 대한 세율을 적용하겠죠. 알겠습니다.
그러나 이 법령해석은 대부업법이 개정되기 전에 나온 해석입니다. 그래요?	여기에서 보면 甲은 유동화회사의 근저당권을 이전했습니다. 그것이… 당연한 거 아닌가요?
그런데 앞에서 본 론세일이나 채권인수방식에서 보면 NPL을 실질적으로 매입한 개인이 근저당권을 이전했나요? 아니요. 이전은 안했습니다.	그럼 국세청의 이 법령해석과 론세일, 채권인수방식의 차이점을 생각해 보시기 바랍니다. 궁금한데 말씀해 주시면…

형식상의 경락가는 실지거래가액으로 양도소득세를 산정할 수 없음

【요지】
양도소득을 형식상의 경락가로 하는 것은 실질과세 원칙에 위배되므로 이를 기준으로 양도소득세를 산정할 수 없으므로 토지의 양도소득을 확정할 수 없는 경우에 해당함.

창원지방법원 2017구합 50339 【양도소득세경정거부처분취소】

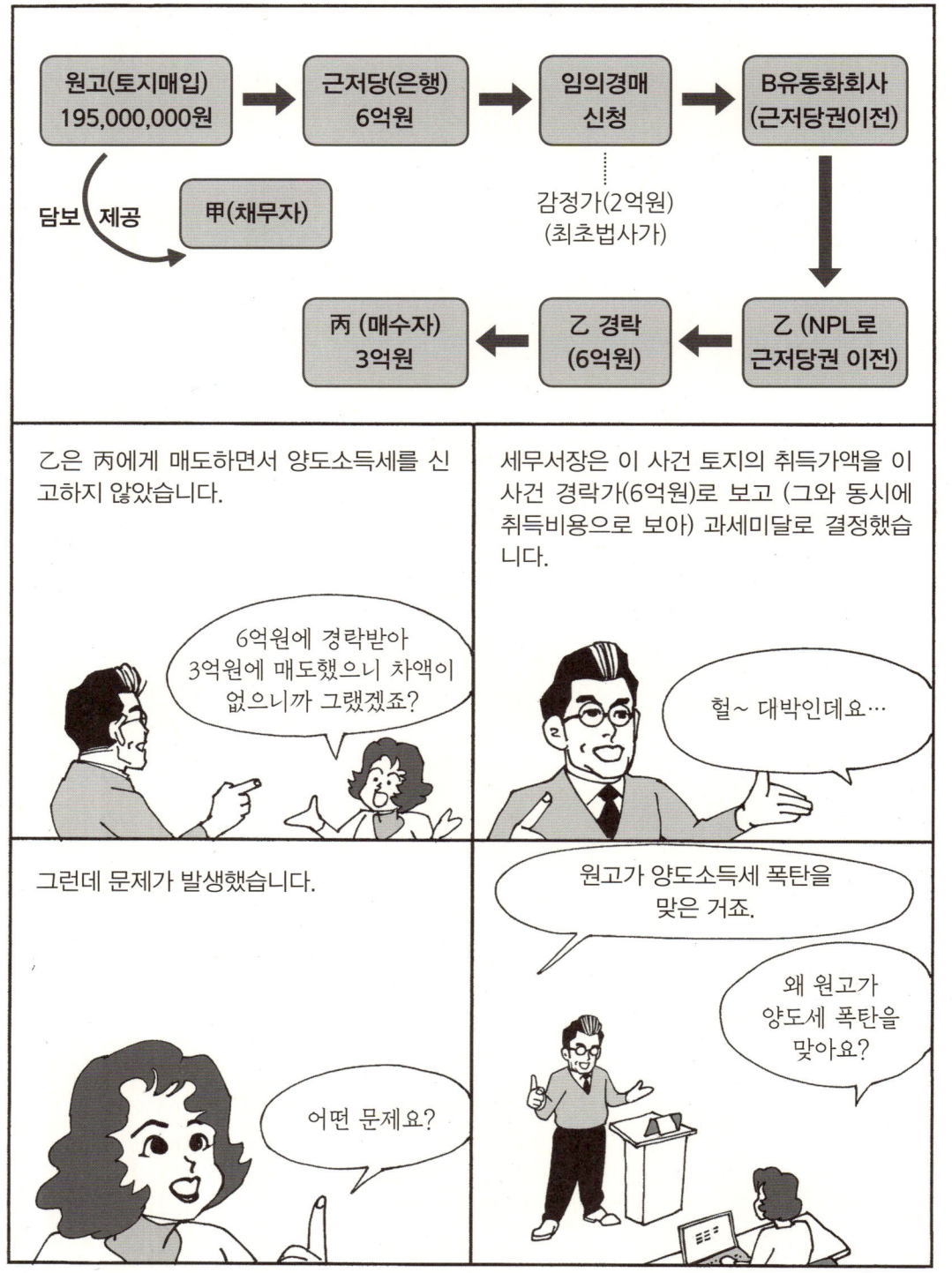

쟁점부실채권회수이익을 사업소득으로 보아 종합소득세를 과세한 처분의 당부

【요지】

청구인은 1과세기간 1건의 회수가능성이 매우 낮은 쟁점부실채권을 매입하였고 청구외법인 등의 대표이사로 재직하면서 근로소득이 계속 발생하고 있어서 쟁점부실채권 회수이익을 계속, 반복적 사업활동으로 얻은 소득으로 보기 어려운 점 등에 비추어 청구인의 사업소득으로 보아 종합소득세를 과세한 이 건 처분은 잘못이 있음

조심-2017-서-3225 (2018.04.17.)

부실채권 매매가 일시적·우발적이고 단발적인 투자활동에 의한 것이므로 이에 대해 채권매매업을 표명하면서 계속적·반복적으로 사업을 영위한 것으로 보아 과세한 처분은 부당하다!

(청구인) 맞습니다.

또한 청구인은 2개사의 대표이사로 재직하면서 회사를 실제 경영하였고, 쟁점부실채권회수이익은 사업성이 없으므로 소득세 과세대상에 해당하지 아니한다.

(청구인) 맞습니다. 저는 계속·반복적인 채권매매업을 영위한 것이 아닙니다.

자! 여기에서 대법원 판례를 보기로 하죠.

대법원 2012두7370판결

이 판례는 부동산의 양도로 인한 소득이 소득세법상 사업소득인지 양도소득인지를 판단하는 기준과 방법에 대해서 말하고 있습니다.

사업소득과 양도소득의 차이점 판단이군요?

부동산의 양도로 인한 소득이 소득세법상 사업소득인지 혹은 양도소득인지는 양도인의 부동산 취득 및 보유현황, 조성의 유무, 양도의 규모, 횟수, 태양, 상대방 등에 비추어 그 양도가 수익을 목적으로 하고 있는지 여부와 사업활동으로 볼 수 있을 정도의 계속성과 반복성이 있는지 등을 고려하여 사회통념에 따라 판단하여야 하고, 그 판단을 함에 있어서는 단지 당해 양도 부동산에 대한 것뿐만 아니라, 양도인이 보유하는 부동산 전반에 걸쳐 당해 양도가 행하여진 시기의 전후를 통한 모든 사정을 참작하여야 한다.

만화로 배우는 NPL

초판 1쇄 · 2021년 1월 31일

지은이 · 정기수
그　림 · 안　주
제　작 · ㈜봄봄미디어
펴낸곳 · 봄봄스토리
등　록 · 2015년 9월 17일(No. 2015-000297호)
전　화 · 070-7740-2001
이메일 · bombomstory@daum.net

ISBN 979-11-89090-43-2(03320)
값 30,000원